Impressum
Verlag: BABADADA GmbH, Nedderfeld 112 , 22529 Hamburg
Geschäftsführer / Verlagsleitung: Harald Hof
Druck: Books on Demand GmbH, In de Tarpen 42, 22848 Norderstedt

Imprint
Publisher: BABADADA GmbH, Nedderfeld 112 , 22529 Hamburg, Germany
Managing Director / Publishing direction: Harald Hof
Print: Books on Demand GmbH, In de Tarpen 42, 22848 Norderstedt

école
škola

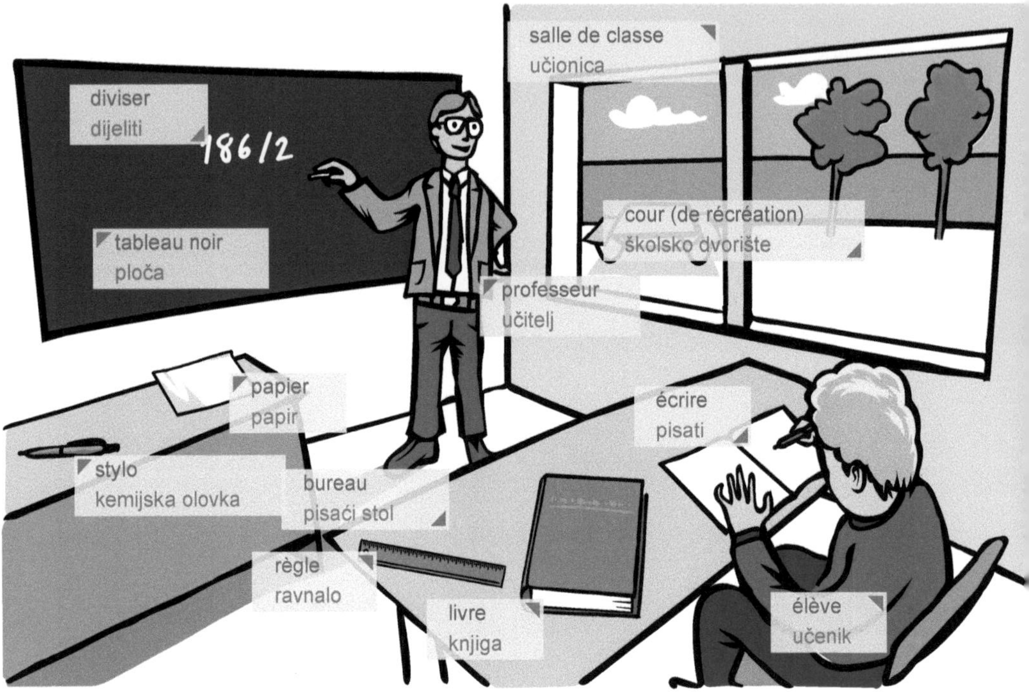
salle de classe
učionica
diviser
dijeliti
186/2
tableau noir
ploča
cour (de récréation)
školsko dvorište
professeur
učitelj
papier
papir
écrire
pisati
stylo
kemijska olovka
bureau
pisaći stol
règle
ravnalo
livre
knjiga
élève
učenik

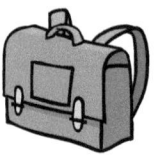

cartable
torba

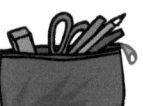

trousse
pernica

crayon
grafitna olovka

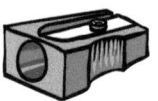

taille-crayon
šiljilo za olovke

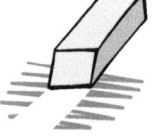

gomme
gumica za brisanje

carnet à dessin
blok za crtanje

dessin

crtež

pinceau

kist

boîte de peinture

kutija s bojama

ciseaux

makaze

colle

ljepilo

cahier d'exercices

bilježnica

devoirs

domaći zadatak

chiffre

broj

2+2

additionner

sabirati

soustraire

oduzimati

multiplier

množiti

calculer

računati

lettre

slovo

alphabet

abeceda

mot

riječ

texte
tekst

lire
čitati

craie
kreda

leçon
sat

livre de classe
dnevnik

examen
ispit

certificat
svjedodžba

uniforme scolaire
školska uniforma

formation
obrazovanje

lexique
leksikon

université
sveučilište

microscope
mikroskop

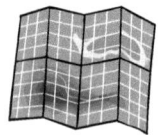

carte
karta

corbeille à papier
košara za papir

école - škola

voyage
putovanje

hôtel
hotel
Grand
auberge
prenoćište
ROOMS
bureau de change
mjenjačnica
CHANGE
valise
kofer
voiture
auto

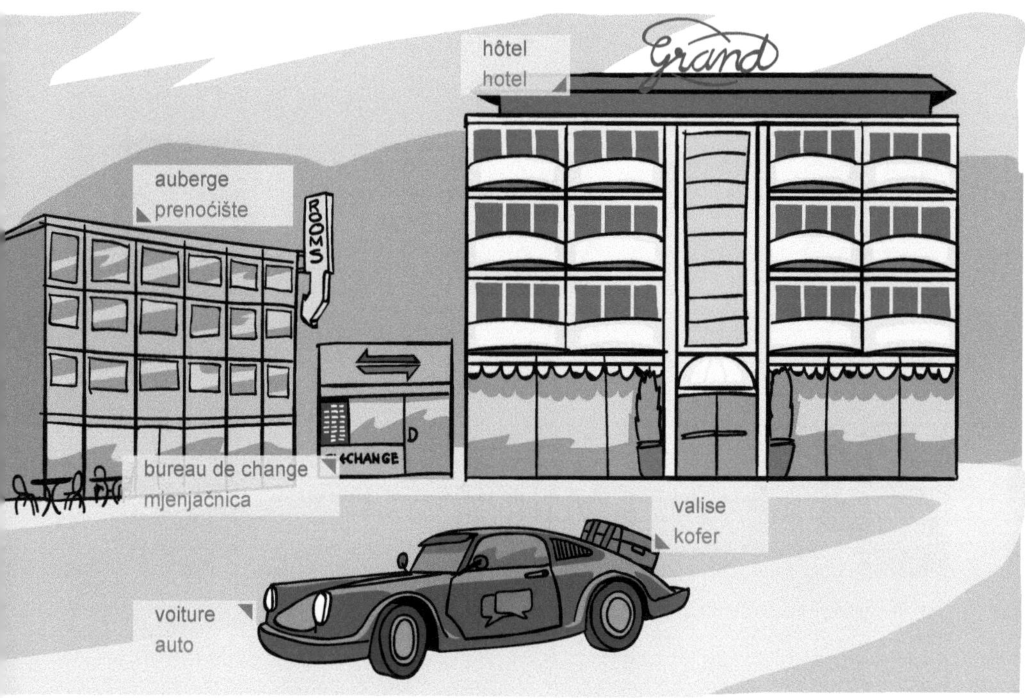

langue
jezik

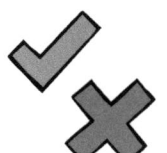

oui / non
da / ne

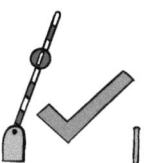

d'accord
okay

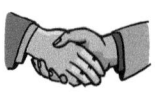

Salut
zdravo

interprète
prevoditelj

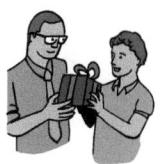

merci
hvala

Combien coûte...?

Koliko košta...?

Je ne comprends pas

ne razumijem

problème

problem

Bonsoir !

dobro veče!

Bonjour !

Dobro jutro!

Bonne nuit !

Laku noć!

Au revoir

doviđenja

direction

smjer

bagages

prtljaga

sac

torba

sac-à-dos

ruksak

hôte

gost

pièce

soba

sac de couchage

vreća za spavanje

tente

šator

office de tourisme

turističke informacije

plage

plaža

carte de crédit

kreditna kartica

petit-déjeuner

doručak

déjeuner

ručak

dîner

večera

billet

karta za vožnju

ascenseur

dizalo

timbre

poštanska markica

frontière

granica

douane

carina

ambassade

ambasada

visa

viza

passeport

putovnica

transport

transport

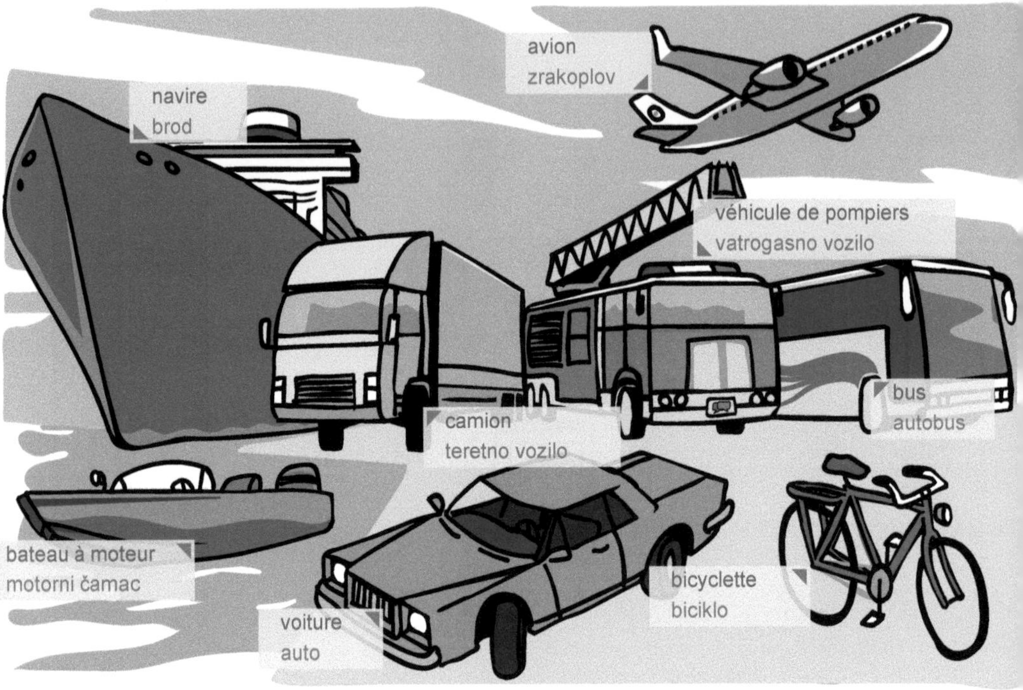
avion
zrakoplov
navire
brod
véhicule de pompiers
vatrogasno vozilo
bus
autobus
camion
teretno vozilo
bateau à moteur
motorni čamac
bicyclette
biciklo
voiture
auto

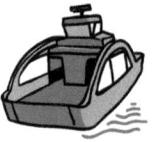

ferry

trajekt

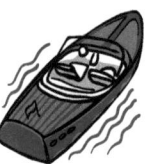

barque

čamac

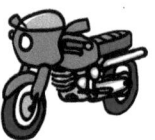

moto

motocikl

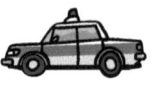

voiture de police

policijski auto

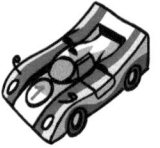

voiture de course

trkaći auto

voiture de location

iznajmljeno auto

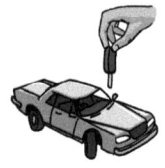

auto-partage

dijeljenje automobila

voiture de remorquage

vučno vozilo

benne à ordures

vozilo za odvoz smeća

moteur

motor

essence

benzin

station d'essence

benzinska postaja

panneau indicateur

prometni znak

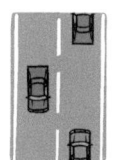

trafic

promet

embouteillage

zastoj

parking

parkiralište

gare

kolodvor

rails

šine

train

vlak

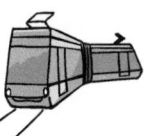

tramway

tramvaj

wagon

vagon

hélicoptère

helikopter

aéroport

zrakoplovna luka

tour

toranj

passager

putnik

conteneur

kontejner

carton

karton

chariot

kolica

corbeille

košara

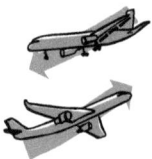

décoller / atterrir

uzletjeti / sletjeti

ville

grad

village

selo

centre-ville

centar grada

maison

kuća

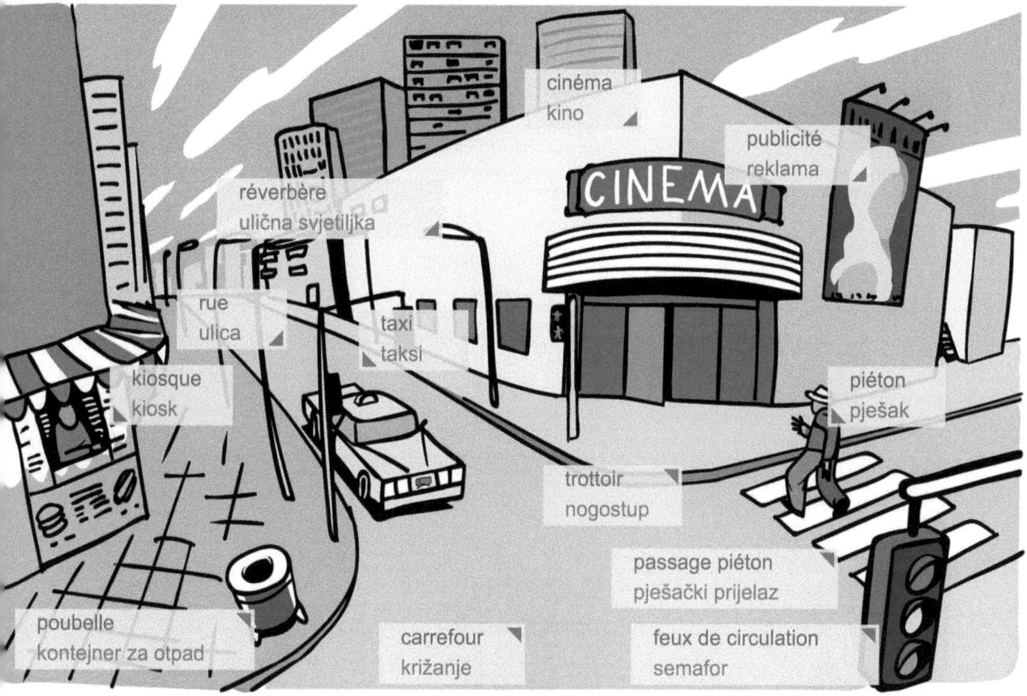

cinéma
kino

publicité
reklama

réverbère
ulična svjetiljka

rue
ulica

taxi
taksi

CINEMA

piéton
pješak

kiosque
kiosk

trottoir
nogostup

passage piéton
pješački prijelaz

poubelle
kontejner za otpad

carrefour
križanje

feux de circulation
semafor

cabane

koliba

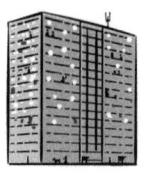

appartement

stan

gare

kolodvor

mairie

vijećnica

musée

muzej

école

škola

ville - grad

université

sveučilište

banque

banka

hôpital

bolnica

hôtel

hotel

pharmacie

ljekarna

bureau

ured

librairie

knjižara

magasin

prodavaonica

fleuriste

cvjećara

supermarché

supermarket

marché

trg

grand magasin

robna kuća

poissonnerie

ribarnica

centre commercial

trgovački centar

port

luka

parc

park

banque

klupa

pont

most

escaliers

stepenice

métro

podzemna željeznica

tunnel

tunel

arrêt de bus

autobusna stanica

bar

bar

restaurant

restoran

boîte à lettres

poštansko sanduče

panneau indicateur

ulični znak

parcmètre

parkirni sat

zoo

zoološki vrt

piscine

bazen

mosquée

džamija

ferme

seosko gazdinstvo

pollution

zagađenje okoliša

cimetière

groblje

église

crkva

aire de jeux

igralište

temple

hram

paysage
krajolik

feuille
list

panneau indicateur
putokaz

chemin
put

pré
livada

pierre
kamen

arbre
drvo

randonneur
šetač

rivière
rijeka

herbe
trava

fleur
cvijet

vallée
dolina

montagne
planina

lac
jezero

forêt
šuma

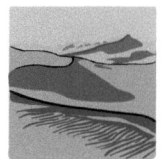

désert
pustinja

volcan
vulkan

château
dvorac

arc-en-ciel
duga

champignon
gljiva

palmier
palma

moustique
moskito

mouche
muha

fourmis
mrav

abeille
pčela

araignée
pauk

coléoptère

buba

grenouille

žaba

écureuil

vjeverica

hérisson

jež

lièvre

zec

chouette

sova

oiseau

ptica

cygne

labud

sanglier

divlja svinja

cerf

jelen

élan

los

barrage

nasip

éolienne

vjetrenjača

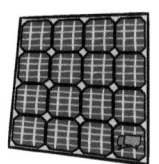

panneau solaire

solarna ploča

climat

klima

restaurant
restoran

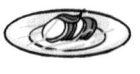

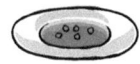

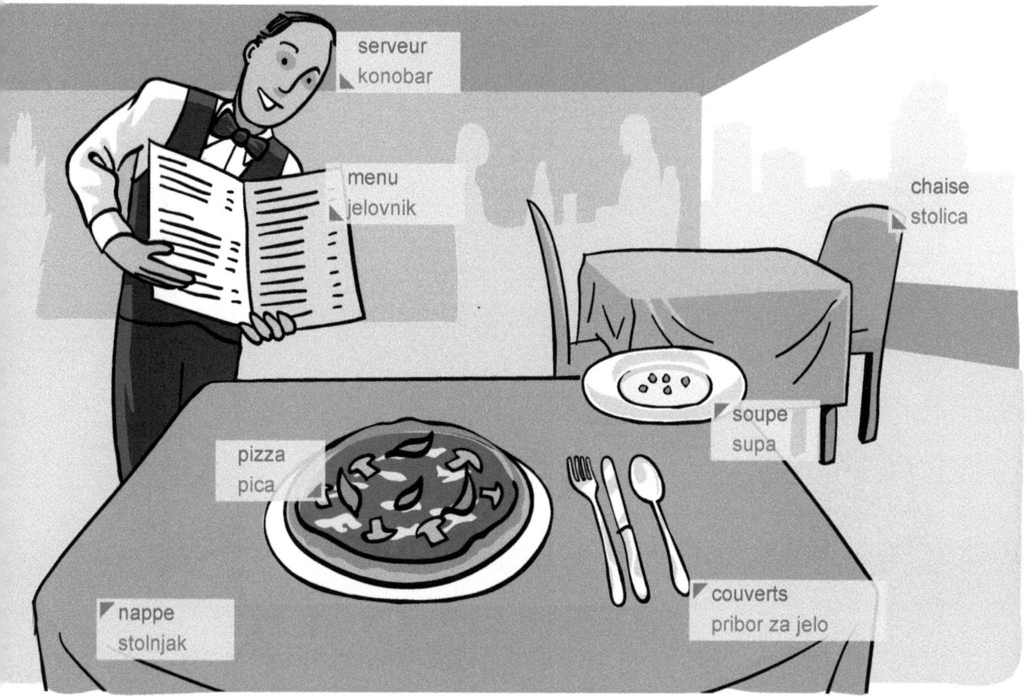
serveur
konobar
menu
jelovnik
chaise
stolica
soupe
supa
pizza
pica
couverts
pribor za jelo
nappe
stolnjak

hors d'œuvre
....
predjelo

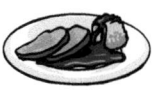

plat principal
....
glavno jelo

dessert
....
desert

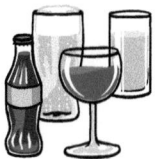

boissons
....
napitci

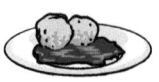

alimentation
....
jelo

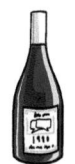

bouteille
....
boca

fast-food

fastfood

plats à emporter

imbis hrana

théière

čajnik

sucrier

doza za šećer

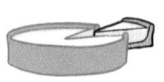

portion

porcija

machine à expresso

aparat za espresso

chaise haute

visoka stolica

facture

račun

plateau

pladanj

couteau

nož

fourchette

vilica

cuillère

žlica

cuillère à thé

čajna žlica

serviette

ubrus

verre

čaša

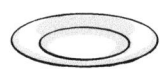

assiette

tanjur

assiette à soupe

tanjur za supu

soucoupe

tanjurić

sauce

sos

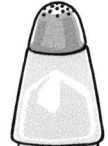

salière

soljenka

moulin à poivre

mlin za biber

vinaigre

ocat

huile

ulje

épices

začini

ketchup

kečap

moutarde

senf

mayonnaise

majoneza

supermarché
supermarket

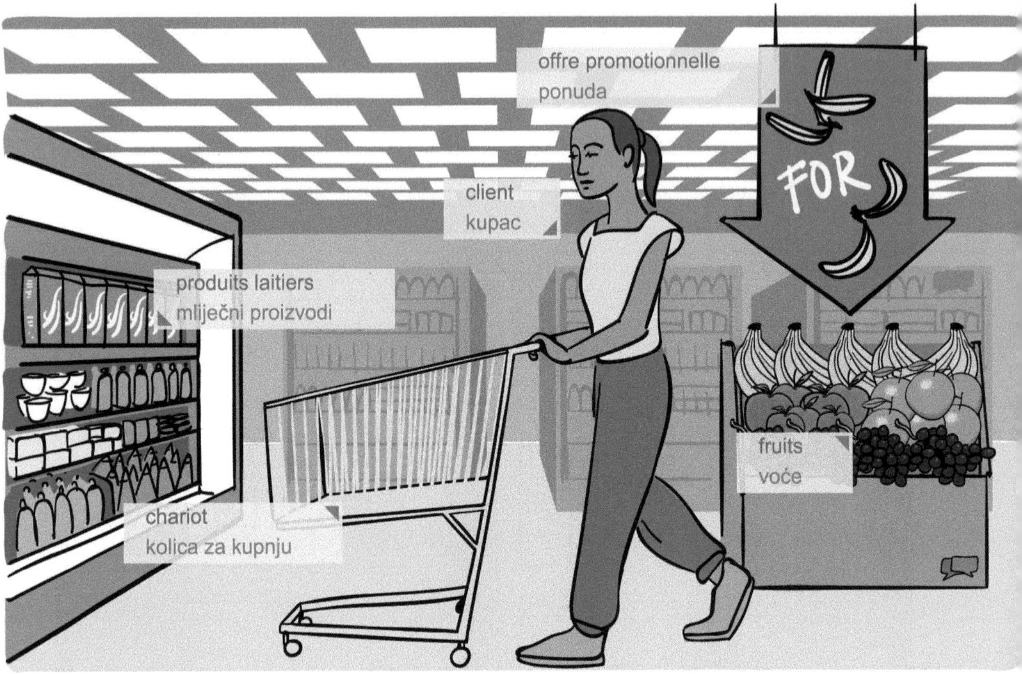

offre promotionnelle
ponuda
FOR
client
kupac
produits laitiers
mliječni proizvodi
fruits
voće
chariot
kolica za kupnju

BUTCHERS

boucherie

mesnica

BAKERY

boulangerie

pekarnica

peser

vagati

légumes

povrće

viande

meso

aliments surgelés

duboko smrznuta hrana

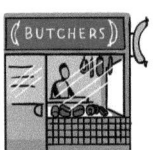

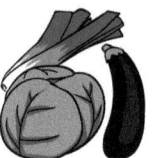

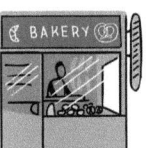

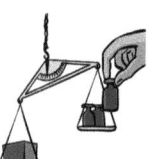

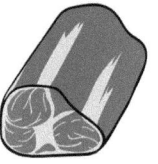

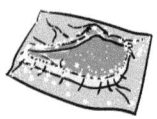

charcuterie

narezak

conserves

konzerve

poudre à lessive

sredstvo za pranje

bonbons

slatkiši

articles ménagers

artikli za domaćinstvo

détergents

sredstva za čišćenje

vendeuse

prodavačica

caisse

blagajna

caissier

blagajnik

liste d'achats

lista za kupnju

heures d'ouverture

vrijeme rada

portefeuille

novčanik

carte de crédit

kreditna kartica

sac

torba

sac en plastique

plastična vrećica

eau
voda

jus de fruit
sok

lait
mlijeko

coca
cola

vin
vino

bière
pivo

alcool
alkohol

chocolat chaud
kakao

thé
čaj

café
kava

expresso
espresso

cappuccino
cappuccino

banane

banana

pomme

jabuka

orange

naranča

melon

lubenica

citron

limun

carotte

mrkva

ail

češnjak

bambou

bambus

oignon

luk

champignon

gljiva

noisettes

orašasti plodovi

pâtes

rezanci

spaghetti

špagete

riz

riža

salade

salata

pommes frites

pomfrit

pommes de terre rôties

pečeni krumpir

pizza

pica

hamburger

hamburger

sandwich

sendvič

escalope

šnicla

jambon

pršut

salami

salama

saucisse

kobasica

poulet

kokoš

rôti

pečenje

poisson

riba

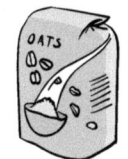

flocons d'avoine

zobene pahuljice

muesli

musli

cornflakes

kukuruzne pahuljice

farine

brašno

croissant

roščić

petits-pains

pecivo

pain

kruh

pain grillé

toast

biscuits

keksi

beurre

maslac

le fromage blanc

svježi sir

gâteau

kolač

œuf

jaje

œuf au plat

jaje na oko

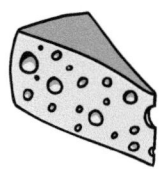

fromage

sir

glace

sladoled

sucre

šećer

miel

med

confiture

marmelada

crème nougat

nugat krema

curry

curry

ferme
seosko gazdinstvo

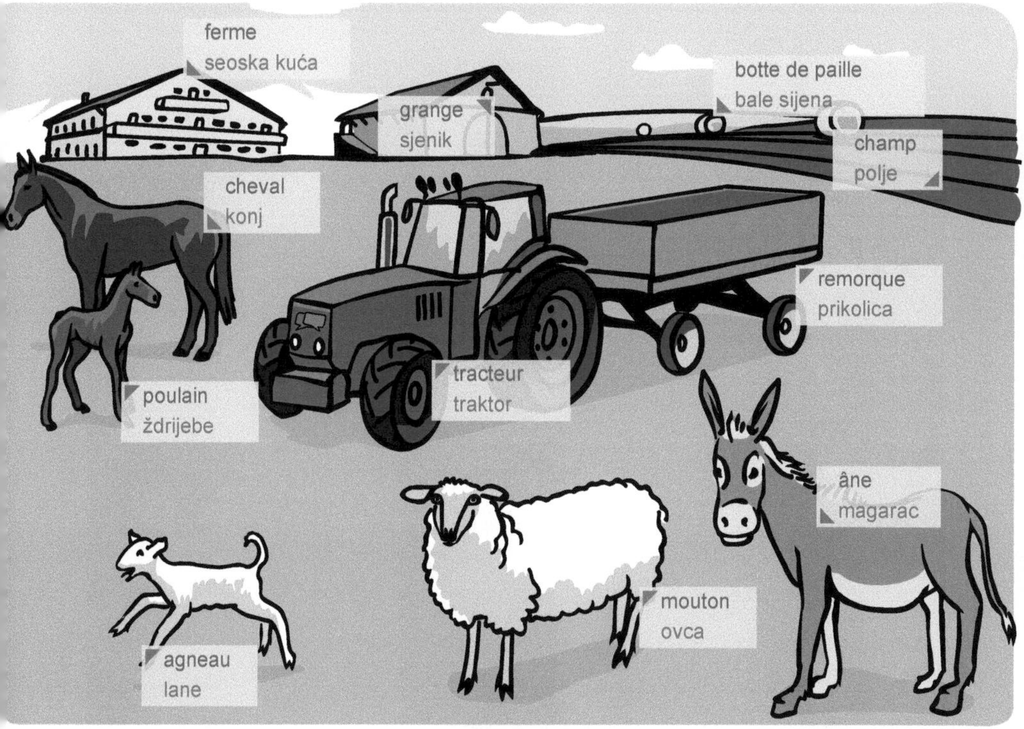

ferme
seoska kuća
grange
sjenik
botte de paille
bale sijena
champ
polje
cheval
konj
remorque
prikolica
tracteur
traktor
poulain
ždrijebe
âne
magarac
mouton
ovca
agneau
lane

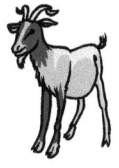

chèvre
koza

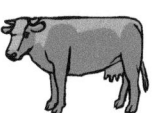

vache
krava

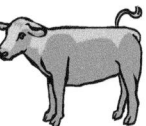

veau
tele

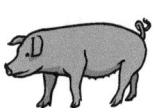

porc
svinja

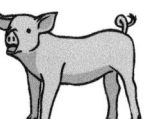

porcelet
prase

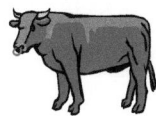

taureau
bik

oie

guska

canard

patka

poussin

pilići

poule

kokoš

coq

pijetao

rat

pacov

chat

mačka

souris

miš

bœuf

vol

chien

pas

chenil

kućica za psa

tuyau de jardin

vrtno crijevo

arrosoir

kanta za polijevanje

faucheuse

kosa

charrue

plug

ferme - seosko gazdinstvo

faucille

srp

pioche

motika

fourche

vilica za gnojivo

hache

sjekira

brouette

tačke

cuve

korito

pot à lait

posuda za mlijeko

sac

vreća

clôture

ograda

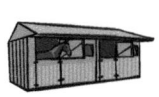

étable

štala

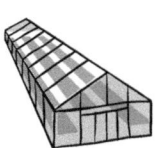

serre

staklenik

sol

zemlja

semences

sjeme

engrais

gnojivo

moissonneuse-batteuse

kombajn

récolter

žanjati

récolte

žetva

igname

yams začin

blé

pšenica

soja

soja

pomme de terre

krumpir

maïs

kukuruz

colza

uljana repica

arbre fruitier

voćka

manioc

gomolj manioke

céréales

žitarice

maison
kuća

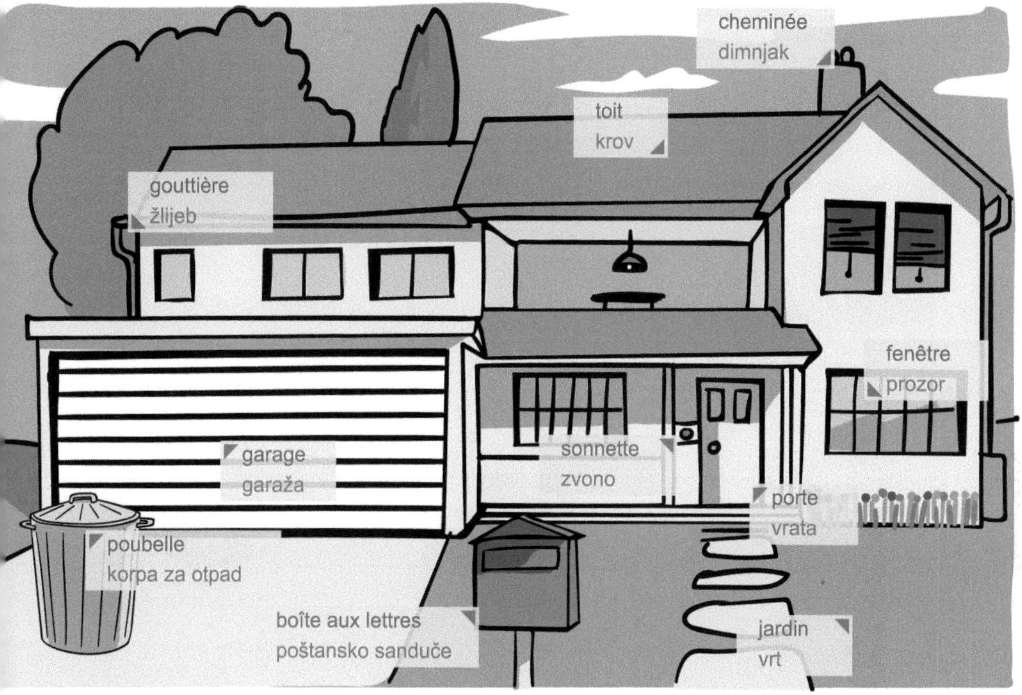

cheminée
dimnjak
toit
krov
gouttière
žlijeb
fenêtre
prozor
garage
garaža
sonnette
zvono
porte
vrata
poubelle
korpa za otpad
boîte aux lettres
poštansko sandučе
jardin
vrt

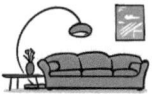

salon

dnevna soba

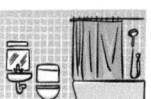

salle de bain

kupaonica

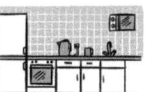

cuisine

kuhinja

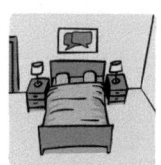

chambre à coucher

spavaća soba

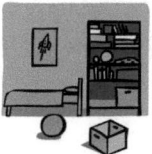

chambre d'enfant

dječija soba

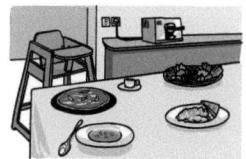

salle à manger

trpezarija

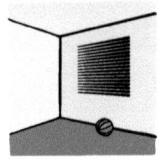

sol

pod

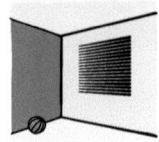

mur

zid

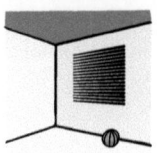

plafond

strop

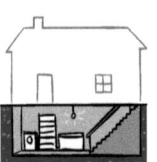

cave

podrum

sauna

sauna

balcon

balkon

terrasse

terasa

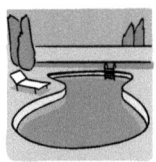

piscine

bazen

tondeuse à gazon

kosilica za travu

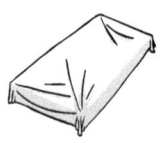

housse

posteljina za krevet

couette

deka za krevet

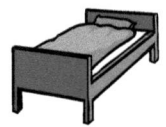

lit

krevet

balai

metla

sceau

kanta

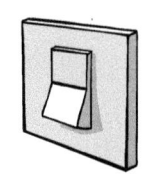

interrupteur

sklopka

salon

dnevna soba

papier peint
tapeta
image
slika
lampe
svjetiljka
étagère
regal
armoire
ormar
télé
televizija
cheminée
kamin
fleur
cvijet
coussin
jastuk
sofa
kauč
vase
vaza
télécommande
daljinski upravljač

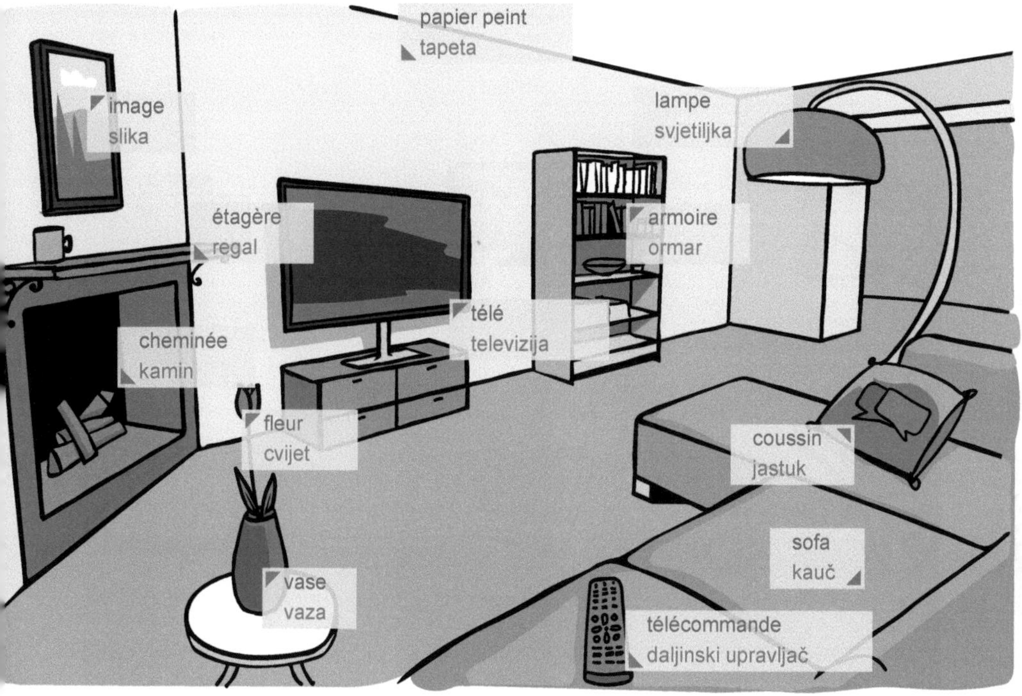

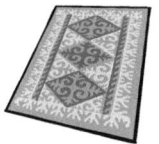

tapis
tepih

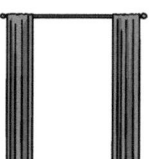

rideau
zavjesa

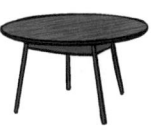

table
stol

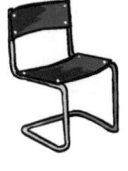

chaise
stolica

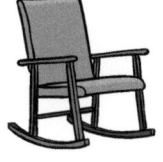

chaise à bascule
stolica za njihanje

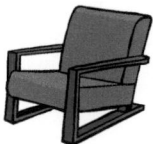

fauteuil
fotelja

livre

knjiga

couverture

deka

décoration

dekoracija

bois de chauffage

drvo za ogrjev

film

film

chaîne hi-fi

stereo uređaj

clé

ključ

journal

novine

peinture

slika na platnu

poster

poster

radio

radio

bloc-notes

blok za pisanje

aspirateur

usisavač

cactus

kaktus

bougie

svijeća

cuisine
kuhinja

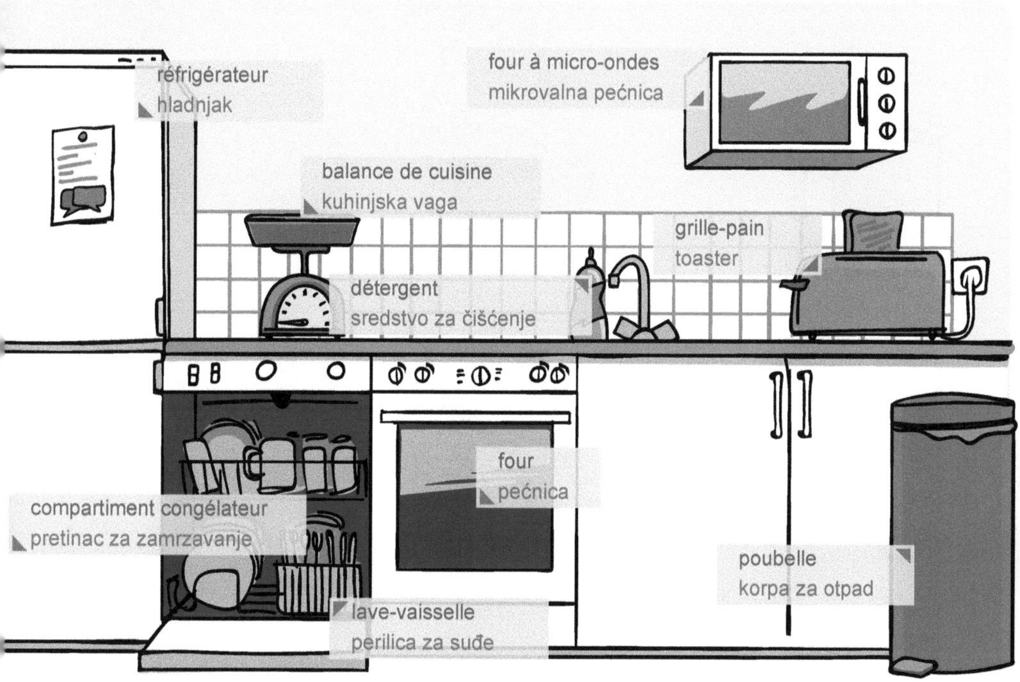
réfrigérateur
hladnjak
four à micro-ondes
mikrovalna pećnica
balance de cuisine
kuhinjska vaga
grille-pain
toaster
détergent
sredstvo za čišćenje
four
pećnica
compartiment congélateur
pretinac za zamrzavanje
poubelle
korpa za otpad
lave-vaisselle
perilica za suđe

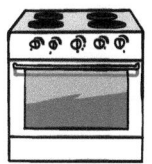

four
štednjak

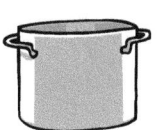

casserole
lonac

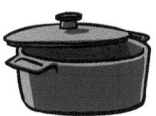

marmite
željezni lonac

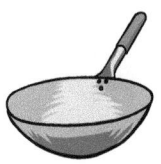

wok / kadai
wok / kadai

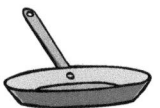

poêle
tava

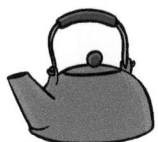

bouilloire electrique
kuhalo za vodu

cuiseur vapeur

kuhalo na paru

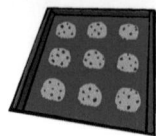

plaque de cuisson

lim za pečenje

vaisselle

posuđe

gobelet

čaša

coupe

zdjela

baguettes

štapići za jelo

louche

kutljača

spatule

lopatica

fouet

pjenjača

passoire

sito za kuhanje

tamis

sito

râpe

ribež

mortier

mužar

barbecue

roštilj

cheminée

ognjište

planche à découper
daska

rouleau à pâtisserie
oklagija

tire-bouchon
vadičep

boîte
konzerva

ouvre-boîte
otvarač konzervi

maniques
krpa za lonac

lavabo
sudoper

brosse
četka

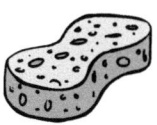

éponge
spužva

mixeur
mikser

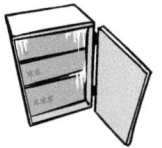

congélateur
zamrzivač

biberon
bočica za bebe

robinet
slavina za vodu

salle de bain
kupaonica

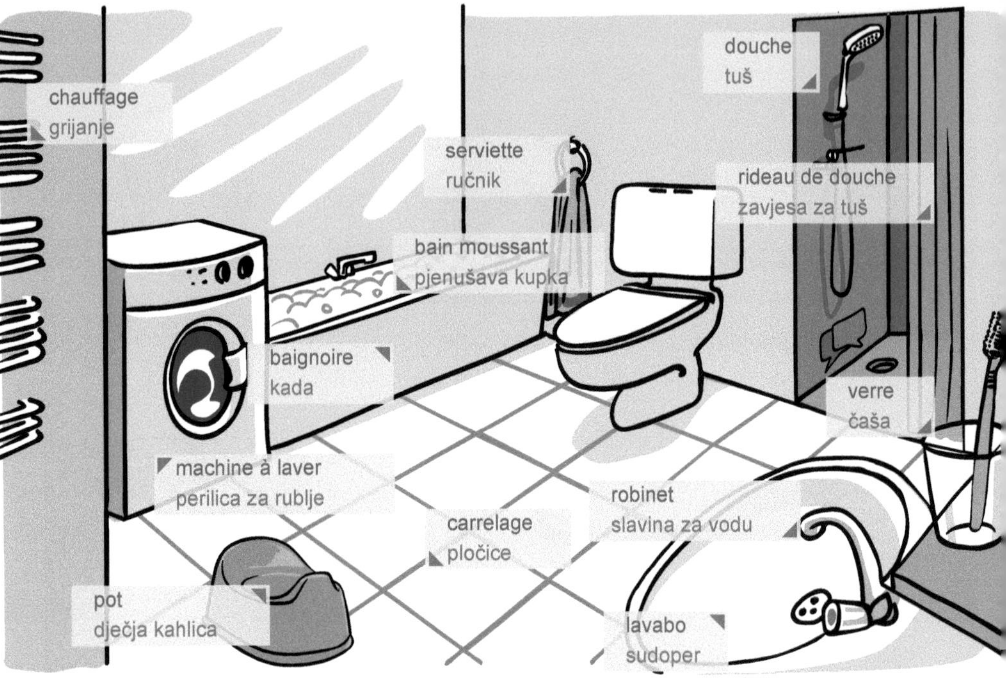

chauffage
grijanje
serviette
ručnik
douche
tuš
rideau de douche
zavjesa za tuš
bain moussant
pjenušava kupka
baignoire
kada
verre
čaša
machine à laver
perilica za rublje
robinet
slavina za vodu
carrelage
pločice
pot
dječja kahlica
lavabo
sudoper

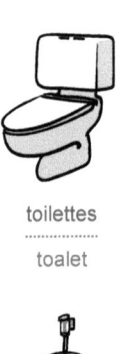

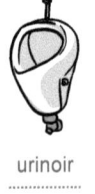

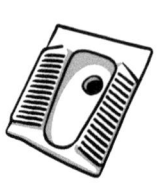

toilettes
toalet

toilette à la turque
čučavac

bidet
bidet

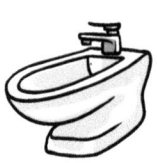

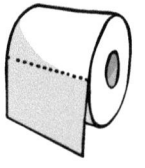

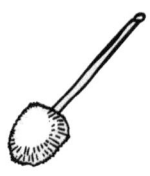

urinoir
pisoar

papier toilette
papir za toalet

brosse à toilette
četka za toalet

brosse à dents

četkica za zube

dentifrice

pasta za zube

fil dentaire

konac za zube

laver

prati

douche manuelle

tuš ručica

douche intime

tuš za pranje intimnih dijelova

vasque

lavor

brosse dorsale

četka za pranje leđa

savon

sapun

gel douche

gel za tuširanje

shampooing

šampon

gant de toilette

krpa za pranje

écoulement

odvod

crème

krema

déodorant

dezodorans

miroir
ogledalo

miroir cosmétique
kozmetičko ogledalo

rasoir
brijač

mousse à raser
pjena za brijanje

après-rasage
losion za poslije brijanja

peigne
češalj

brosse
četka

sèche-cheveux
sušilo za kosu

laque pour cheveux
sprej za kosu

fond de teint
makeup

rouge à lèvres
ruž za usne

vernis à ongles
lak za nokte

ouate
vata

coupe-ongles
škare za nokte

parfum
parfem

trousse de toilette

neseser

tabouret

stolica

pèse-personne

vaga

peignoir

ogrtač

gants de nettoyage

rukavice za čišćenje

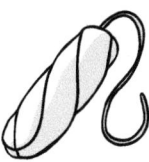

tampon

tampon

serviettes hygiéniques

uložak

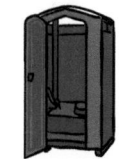

toilette chimique

kemijski toalet

chambre d'enfant

dječija soba

réveil
budilnik
doudou
plišana igračka
voiture jouet
auto igračka
hochet
zvečka
maison de poupée
kućica za lutke
cadeau
poklon

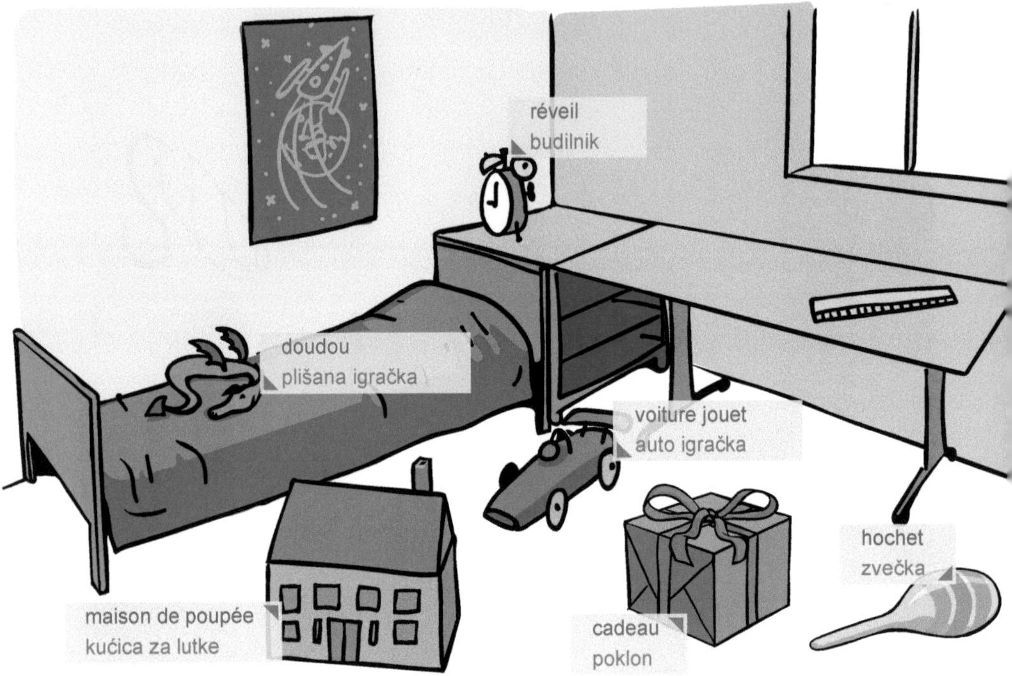

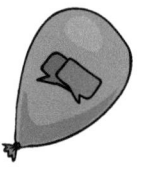

ballon

balon

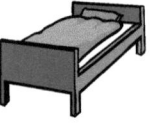

lit

krevet

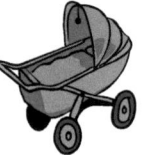

poussette

dječija kolica

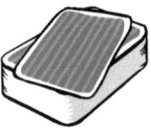

jeu de cartes

igra s kartama

puzzle

slagalica

SUPER
MEGA

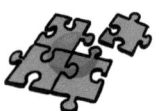

bande dessinée

strip

pièces lego

lego kockice

blocs de construction

kockice za slaganje

figurine

akcioni junak

grenouillère

kombinezon za bebe

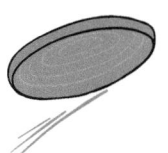

frisbee

frizbi

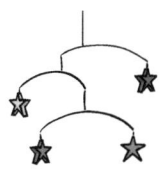

mobile

viseće igračke

jeu de société

društvene igre

dé

kocka

train miniature

minijaturna željeznica

sucette

duda

fête

tulum

livre d'images

slikovnica

balle

lopta

poupée

lutka

jouer

igrati

bac à sable

pješčanik

balançoire

ljuljačka

jouets

igračka

console de jeu

konzola za igre

tricycle

tricikl

ours en peluche

plišani medo

armoire

ormar

vêtements

odjeća

chaussettes

kratke čarape

bas

čarape

collant

hulahopke

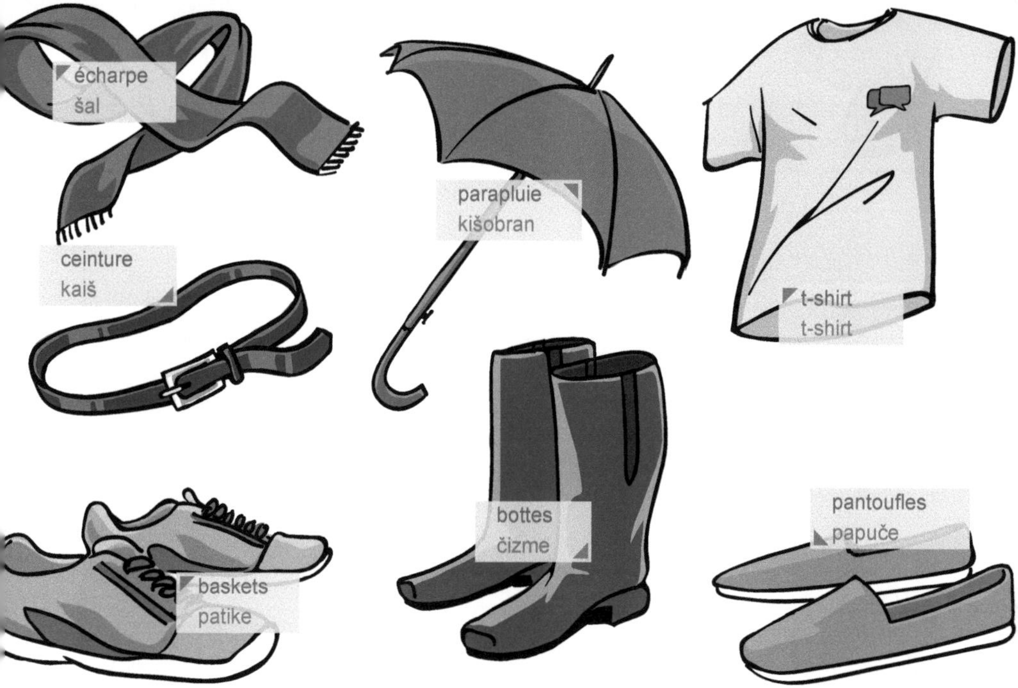

écharpe
šal

ceinture
kaiš

parapluie
kišobran

t-shirt
t-shirt

baskets
patike

bottes
čizme

pantoufles
papuče

sandales
·············
sandale

chaussures
·············
cipele

bottes de caoutchouc
·············
gumene čizme

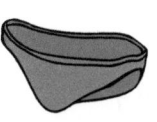

sous-vêtements
·············
gaćice

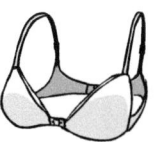

soutien-gorge
·············
grudnjak

maillot de corps
·············
potkošulja

body

bodi

pantalon

hlače

jean

džins

jupe

haljina

chemisier

bluza

chemise

košulja

pull

džemper

sweat à capuche

pulover s kapuljačom

veste

blejzer

veste

jakna

manteau

kaput

imperméable

kabanica

costume

kostim

robe

haljina

robe de mariée

vjenčanica

vêtements - odjeća

costume

odijelo

chemise de nuit

spavaćica

pyjama

pidžama

sari

sari

foulard

rubac

turban

turban

burqa

burka

caftan

kaftan

abaya

abaja

maillot de bain

kupaći kostim

maillot de bain

kupaće gaćice

short

kratke hlače

tenue d'entraînement

odjeća za trening

tablier

pregača

gants

rukavice

bouton

gumb

lunettes

naočale

bracelet

narukvica

collier

ogrlica

bague

prsten

boucle d'oreille

naušnica

bonnet

kapa

cintre

vješalica

chapeau

šešir

cravate

kravata

fermeture éclair

patent zatvarač

casque

kaciga

bretelles

naramenice

uniforme scolaire

školska uniforma

uniforme

uniforma

bavoir

podbradak

sucette

duda

lange

pelena

bureau

ured

papier
papir

armoire d'archivage
ormar za spise

imprimante
pisač

serveur
server

écran
monitor

bureau
pisaći stol

souris
miš

classeur
mapa

clavier
tipkovnica

corbeille à papier
košara za papir

ordinateur
računar

chaise
stolica

tasse de café

šalica za kavu

calculatrice

kalkulator

internet

internet

ordinateur portable

laptop

lettre

pismo

message

poruka

portable

mobilni telefon

réseau

mreža

photocopieuse

uređaj za kopiranje

logiciel

softver

téléphone

telefon

prise

utičnica

fax

faks

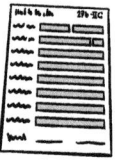

formulaire

obrazac

document

dokument

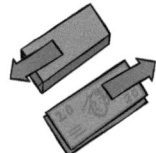

acheter

kupovati

payer

platiti

faire du commerce

trgovati

monnaie

novac

 **USD**

dollar

dolar

 **EUR**

euro

euro

 **JPY**

yen

jen

 **RUB**

rouble

rubalj

 **CHF**

franc suisse

švicarski franak

 **CNY**

renminbi yuan

renmindbi yuan

 **INR**

roupie

rupija

distributeur automatique

automat za novac

bureau de change

mjenjačnica

or

zlato

argent

srebro

pétrole

nafta

énergie

energija

prix

cijena

contrat

ugovor

taxe

porez

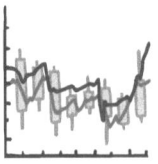

action

dionica

travailler

raditi

employé

službenik

employeur

poslodavac

usine

tvornica

magasin

prodavaonica

économie - gospodarstvo

agent de police
policajac

pompier
vatrogasac

cuisinier
kuhar

médecin
liječnik

pilote
pilot

jardinier
vrtlar

menuisier
stolar

couturière
krojačica

juge
sudija

chimiste
kemičar

acteur
glumac

conducteur de bus

vozač autobusa

chauffeur de taxi

vozač taksija

pêcheur

ribar

femme de ménage

čistačica

couvreur

krovopokrivač

serveur ·

konobar

chasseur

lovac

peintre

slikar

boulanger

pekar

électricien

električar

ouvrier

građevinski radnik

ingénieur

inženjer

boucher

mesar

plombier

limar

facteur

poštar

professions - zanimanja

soldat
vojnik

architecte
arhitekta

caissier
blagajnik

fleuriste
cvjećar

coiffeur
frizer

contrôleur
kondukter

mécanicien
mehaničar

capitaine
kapetan

dentiste
zubar

scientifique
znanstvenik

rabbin
rabi

imam
imam

moine
monah

prêtre
svećenik

outils
alati

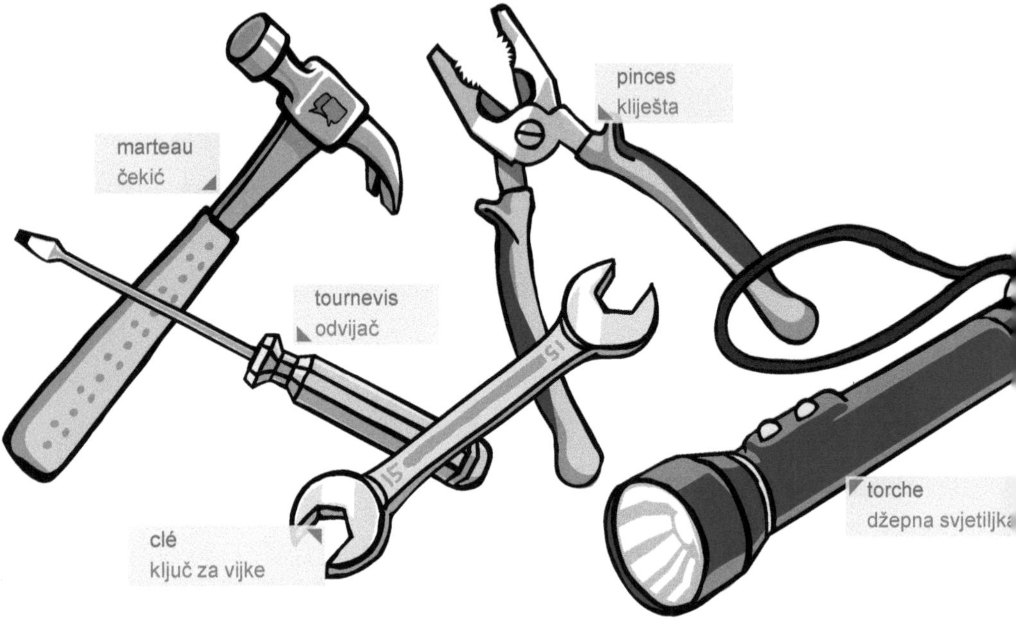
marteau
čekić
pinces
kliješta
tournevis
odvijač
clé
ključ za vijke
torche
džepna svjetiljka

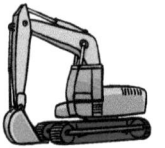

pelleteuse

rovokopač

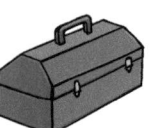

boîte à outils

kutija za alat

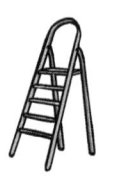

échelle

ljestve

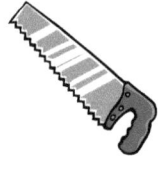

scie

pila

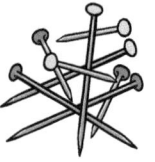

clous

ekser

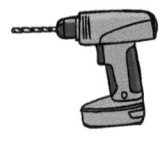

perceuse

bušilica

réparer

popraviti

pelle

lopata

Mince !

Sranje!

pelle

lopatica

pot de peinture

lonac za boju

vis

vijci

instruments de musique
glazbeni instrument

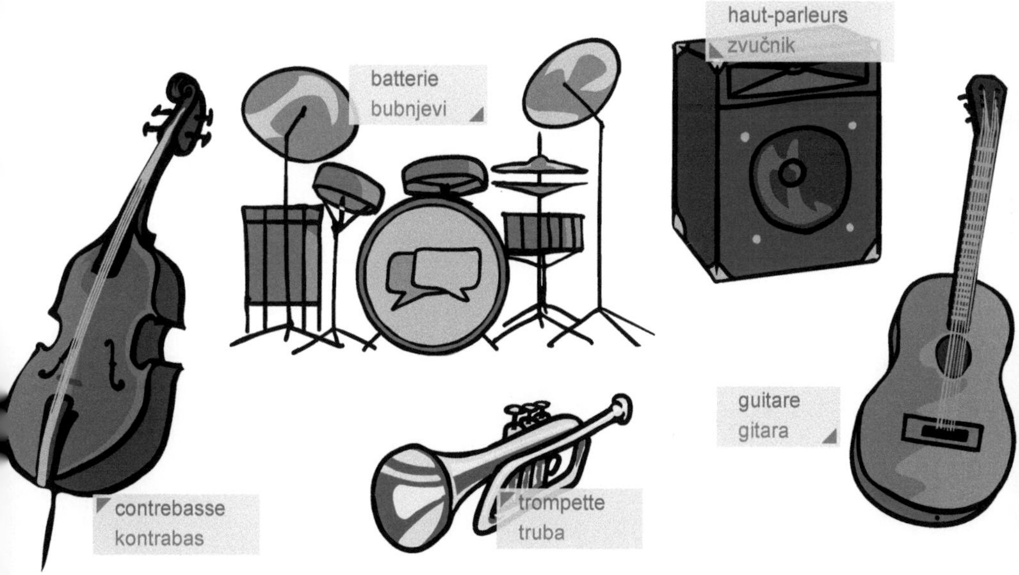

batterie
bubnjevi

haut-parleurs
zvučnik

guitare
gitara

contrebasse
kontrabas

trompette
truba

piano
klavir

violon
violina

basse
bas

timbales
timpani

tambour
udaraljke za bubnjeve

piano électrique
keyboard

saxophone
saksofon

flûte
flauta

microphone
mikrofon

zoo

zoološki vrt

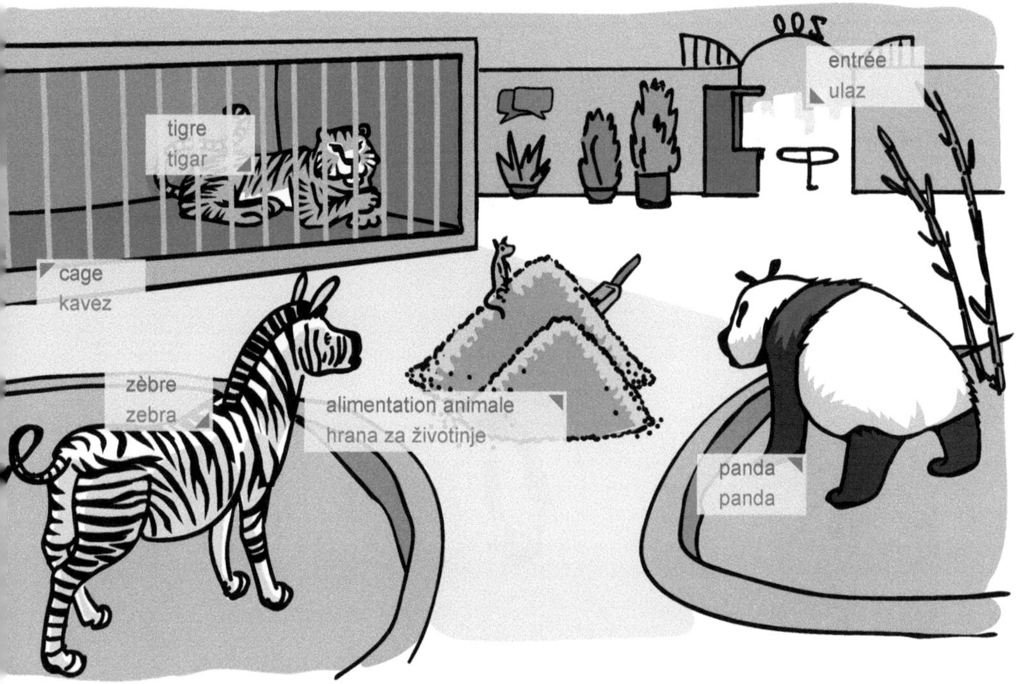
entrée
ulaz
tigre
tigar
cage
kavez
zèbre
zebra
alimentation animale
hrana za životinje
panda
panda

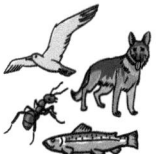

animaux
životinje

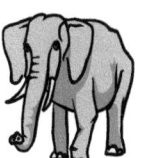

éléphant
slon

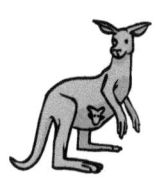

kangourou
kengur

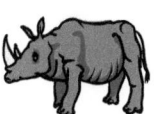

rhinocéros
nosorog

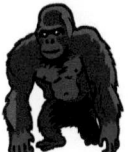

gorille
gorila

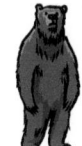

ours
medvjed

chameau

kamila

autruche

noj

lion

lav

singe

majmun

flamand rose

flamingo

perroquet

papagaj

ours polaire

polarni medvjed

pingouin

pingvin

requin

ajkula

paon

paun

serpent

zmija

crocodile

krokodil

gardien de zoo

čuvar u zoološkom vrtu

phoque

tuljan

jaguar

jaguar

poney
poni

léopard
leopard

hippopotame
nilski konj

girafe
žirafa

aigle
orao

sanglier
divlja svinja

poisson
riba

tortue
kornjača

morse
morž

renard
lisica

gazelle
gazela

american Football
američki nogomet

cyclisme
biciklizam

tennis
tenis

basket-ball
košarka

natation
plivanje

boxe
boks

hockey sur glace
hockey na ledu

football
nogomet

badminton
badminton

athlétisme
atletika

handball
rukomet

ski
skijanje

polo
polo

sauter
skočiti

embrasser
zagrliti

rire
smijati se

marcher
ići

chanter
pjevati

rêver
sanjati

prier
moliti se

faire la bise
poljubiti

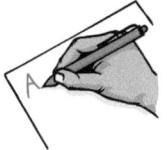

écrire
pisati

dessiner
crtati

montrer
pokazati

pousser
gurati

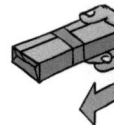

donner
dati

prendre
uzeti

avoir

imati

faire

činiti

être

biti

être debout

stojati

courir

trčati

trier

povlačiti

jeter

baciti

tomber

padati

être couché

ležati

attendre

čekati

porter

nositi

être assis

sjediti

s'habiller

oblačiti

dormir

spavati

se réveiller

probuditi se

regarder

gledati

pleurer

plakati

caresser

milovati

peigner

češljati

parler

govoriti

comprendre

razumjeti

demander

pitati

écouter

slušati

boire

piti

manger

jesti

ranger

pospremiti

aimer

voljeti

cuire

kuhati

conduire

voziti

voler

letjeti

faire de la voile

ploviti

calculer

računati

lire

čitati

apprendre

učiti

travailler

raditi

se marier

vjenčati se

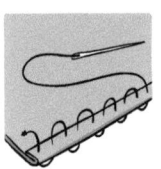

coudre

šiti

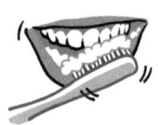

brosser les dents

prati zube

tuer

ubiti

fumer

pušiti

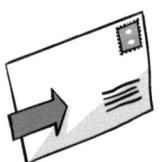

envoyer

poslati

famille

obitelj

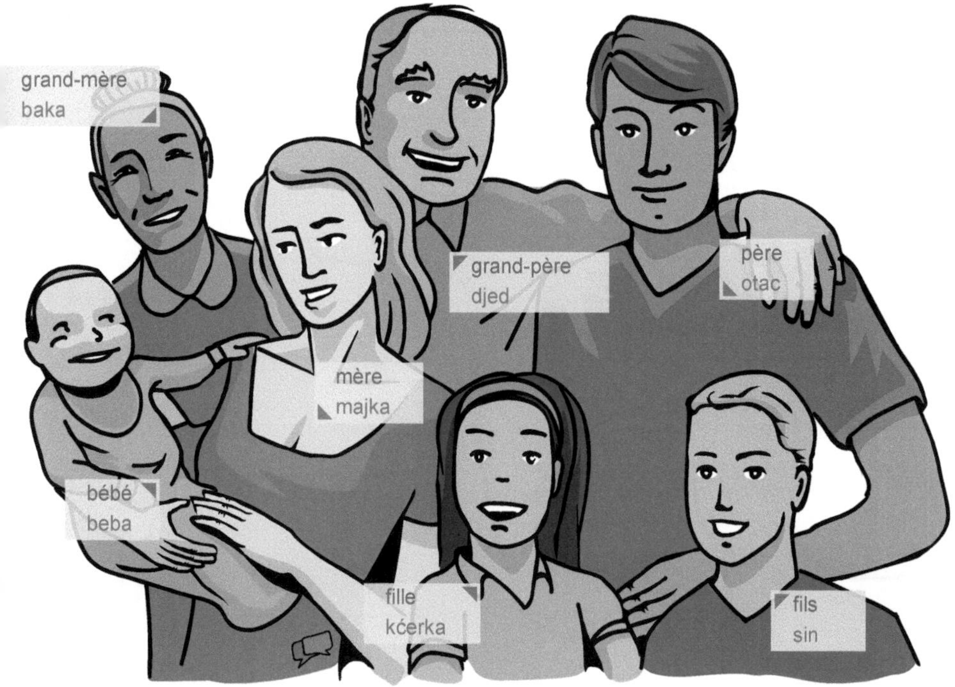

grand-mère
baka
grand-père
djed
père
otac
mère
majka
bébé
beba
fille
kćerka
fils
sin

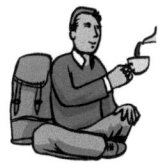

hôte

gost

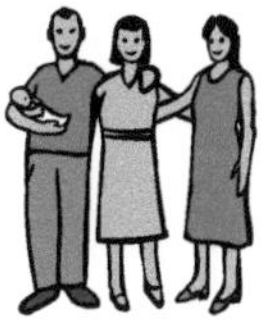

tante

tetka

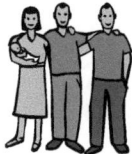

oncle

ujak, stric

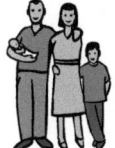

frère

brat

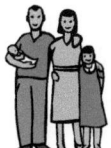

sœur

sestra

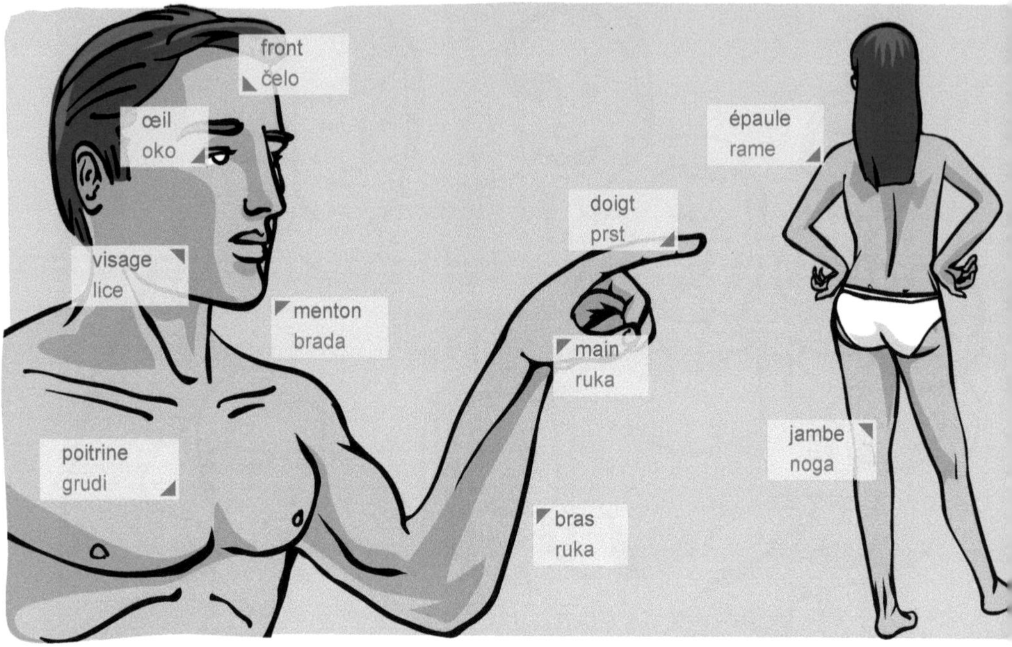

front
čelo

œil
oko

épaule
rame

doigt
prst

visage
lice

menton
brada

main
ruka

poitrine
grudi

jambe
noga

bras
ruka

bébé
beba

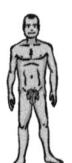

homme
muškarac

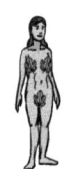

femme
žena

fille
djevojčica

garçon
dječak

tête
glava

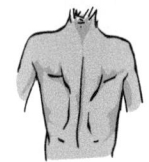

dos
leđa

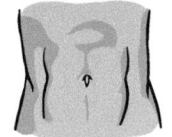

ventre
trbuh

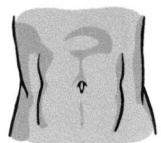

nombril
pupak

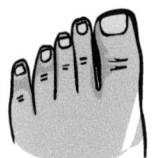

orteil
nožni prst

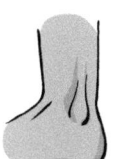

talon
peta

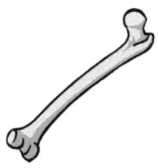

os
kost

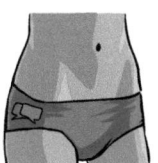

hanche
kuk

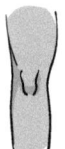

genou
koljeno

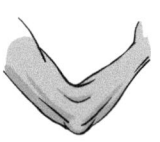

coude
lakat

nez
nos

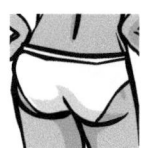

fesses
stražnjica

peau
koža

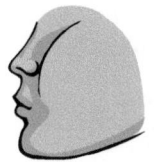

joue
obraz

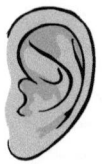

oreille
uho

lèvre
usna

bouche

usta

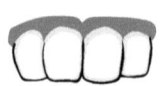

dent

zub

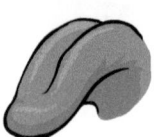

langue

jezik

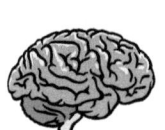

cerveau

mozak

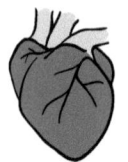

cœur

srce

muscle

mišić

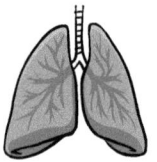

poumons

pluća

foie

jetra

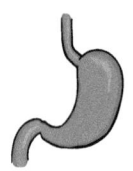

estomac

želudac

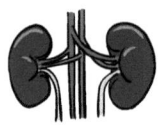

reins

bubrezi

rapport sexuel

snošaj

préservatif

kondom

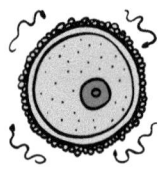

ovule

jajna stanica

sperme

sperma

grossesse

trudnoća

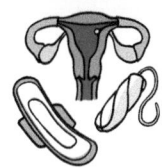

menstruation

menstruacija

vagin

vagina

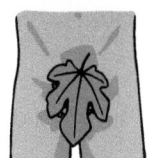

pénis

penis

sourcil

obrva

cheveux

kosa

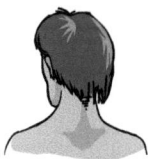

cou

vrat

hôpital
bolnica

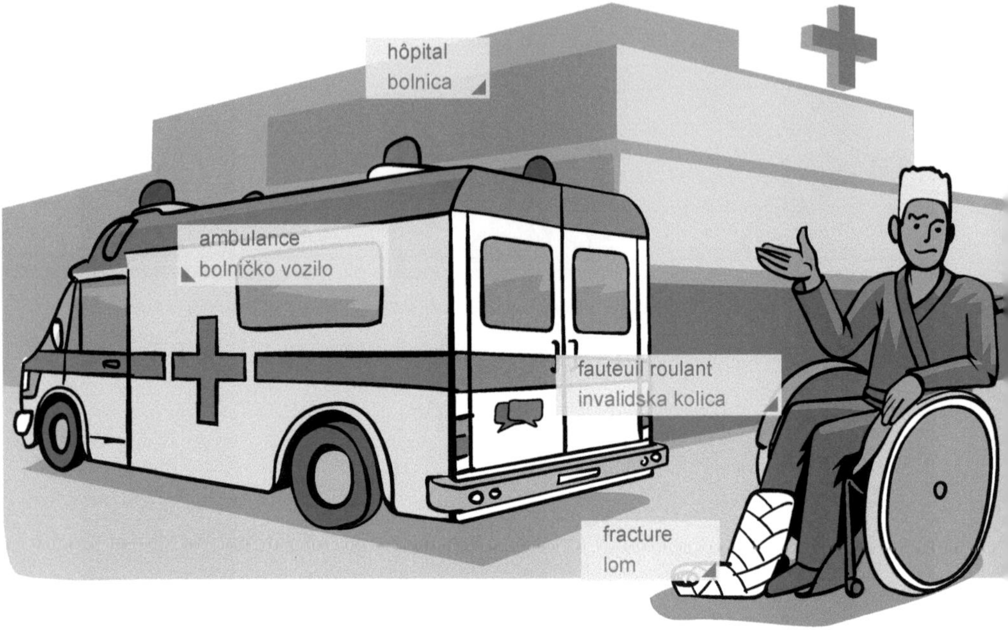

hôpital
bolnica
ambulance
bolničko vozilo
fauteuil roulant
invalidska kolica
fracture
lom

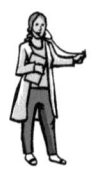

médecin

lijеčnik

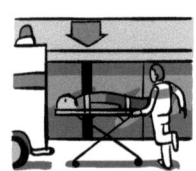

service des urgences

hitna medicinska služba

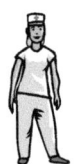

infirmière

medicinska sestra

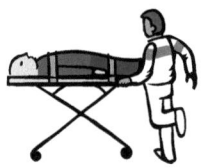

urgence

hitni slučaj

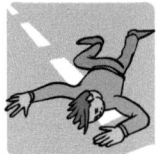

inconscient

nesvijest

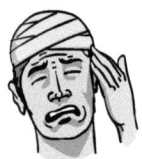

douleur

bol

blessure

ozljeda

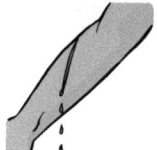

hémorragie

krvarenje

crise cardiaque

srćani infarkt

attaque cérébrale

moždani udar

allergie

alergija

toux

kašalj

fièvre

groznica

grippe

gripa

diarrhée

proljev

mal de tête

glavobolja

cancer

rak

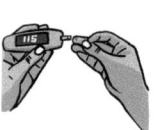

diabète

dijabetes

chirurgien

kirurg

scalpel

skalpel

opération

operacija

CT

ct

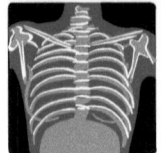

radiographie

rentgen

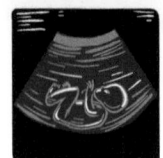

échographie

ultrazvuk

masque

maska

maladie

bolest

salle d'attente

čekaonica

béquille

štaka

pansement

flaster

pansement

zavoj

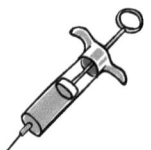

injection

injekcija

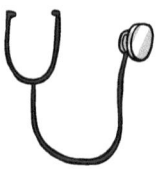

stéthoscope

stetoskop

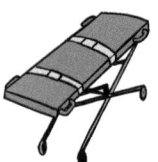

brancard

nosilo

thermomètre

termometar

accouchement

rođenje

surcharge pondérale

prekomjerna težina

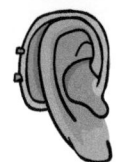

appareil auditif

slušni aparat

désinfectant

sredstvo za dezinfekciju

infection

infekcija

virus

virus

VIH / sida

hiv / sida

médicament

medicina

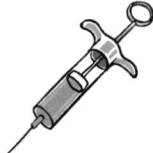

vaccination

vakcinacija

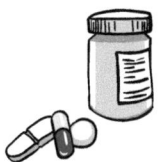

comprimés

tablete

pilule

pilula

appel d'urgence

poziv u pomoć

tensiomètre

uređaj za mjerenje tlaka

malade / sain

bolesno / zdravo

Au secours !

pomoć!

alarme

alarm

assaut

nasrtaj

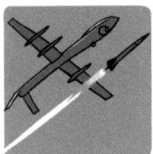

attaque

napad

danger

opasnost

sortie de secours

izlaz za nuždu

Au feu!

požar!

extincteur

vatrogasni aparat

accident

nezgoda

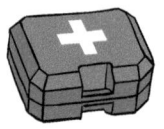

trousse de premier secours

kofer prve pomoći

SOS

sos

police

policija

Europe

Europa

Amérique du Nord

sjeverna amerika

Amérique du Sud

južna amerika

Afrique

Afrika

Asie

Azija

Australie

Australija

Océan atlantique

Atlantik

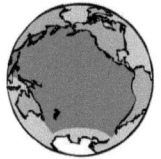

Océan pacifique

Pacifik

Océan indien

ocean

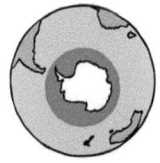

Océan antarctique

antarktički ocean

Océan arctique

arktički ocean

pôle nord

sjeverni pol

pôle sud

južni pol

Antarctique

Antarktik

terre

zemlja

pays

zemlja

mer

more

île

otok

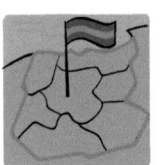

nation

nacija

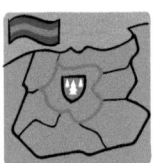

état

država

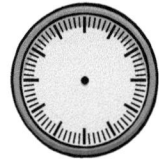

cadran

brojčanik sata

aiguille des heures

satna kazaljka

aiguille des minutes

minutna kazaljka

aiguille des secondes

sekundna kazaljka

Quelle heure est-il ?

Koliko je sati?

jour

dan

temps

vrijeme

maintenant

sada

montre digitale

digitalni sat

minute

minuta

heure

sat

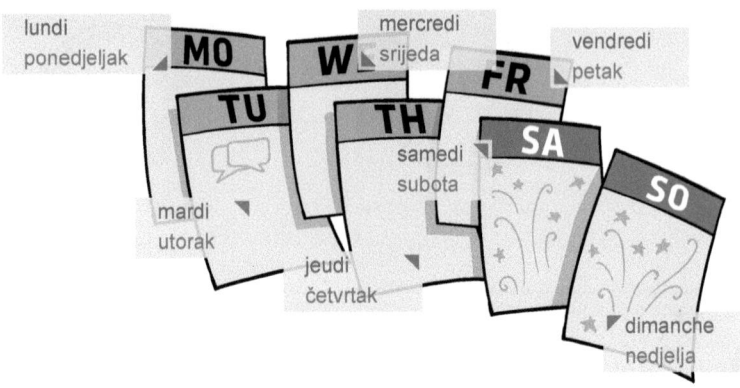

lundi
ponedjeljak

mercredi
srijeda

vendredi
petak

mardi
utorak

samedi
subota

jeudi
četvrtak

dimanche
nedjelja

hier

jučer

aujourd'hui

danas

demain

sutra

matin

jutro

midi

podne

soir

večer

MO	TU	WE	TH	FR	SA	SU
1	2	3	4	5	6	7
8	9	10	11	12	13	14
15	16	17	18	19	20	21
22	23	24	25	26	27	28
29	30	31	1	2	3	4

jours ouvrables

radni dani

MO	TU	WE	TH	FR	SA	SU
1	2	3	4	5	6	7
8	9	10	11	12	13	14
15	16	17	18	19	20	21
22	23	24	25	26	27	28
29	30	31	1	2	3	4

week-end

vikend

année
godina

pluie
kiša
arc-en-ciel
duga
neige
snijeg
vent
vjetar
printemps
proljeće
automne
jesen
été
ljeto
hiver
zima

4.APRIL 11°
5.APRIL 4°
6.APRIL 13°
7.APRIL 8°
8.APRIL 10°

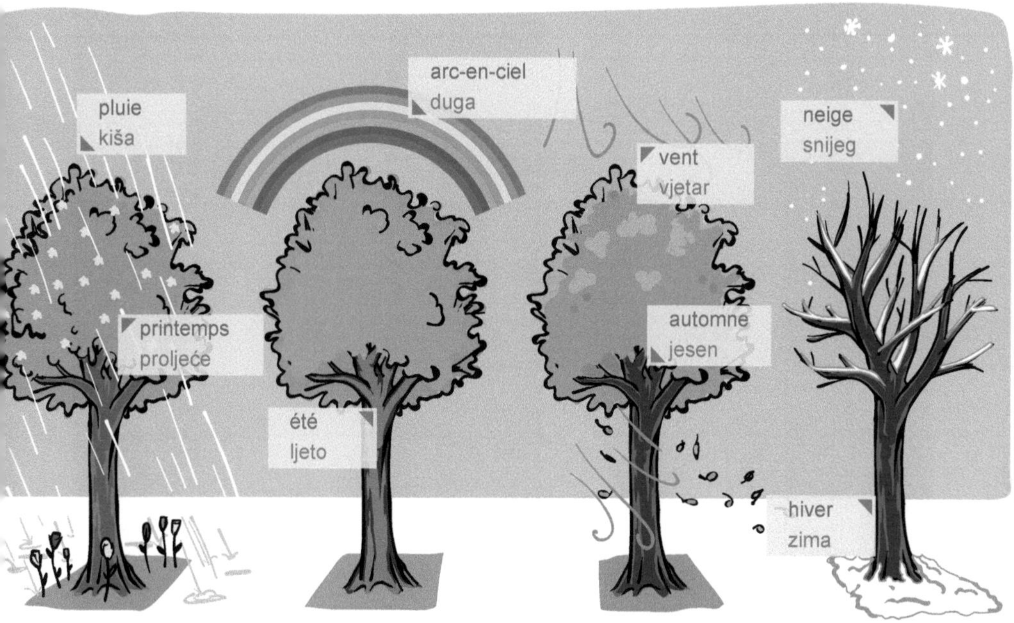

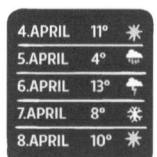

météo

meteorološka prognoza

F C
120 40
90 30
60 20
30 10
0 0
-30 -10
-20

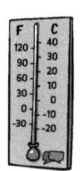

thermomètre

termometar

lumière du soleil

sunčana svjetlost

nuage

oblak

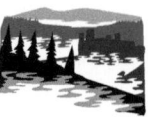

brouillard

magla

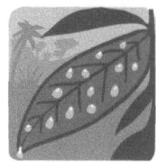

humidité

vlažnost zraka

foudre
munja

tonnerre
grmljavina

tempête
oluja

grêle
tuča

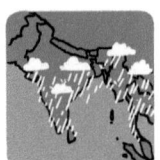

mousson
monsun

inondation
poplava

glace
led

janvier
siječanj

février
veljača

mars
ožujak

avril
travanj

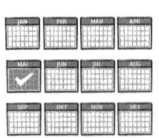

mai
svibanj

juin
lipanj

juillet
srpanj

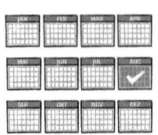

août
kolovoz

année - godina

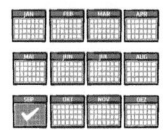

septembre
rujan

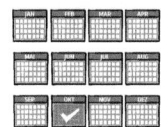

octobre
listopad

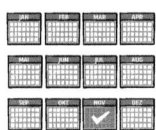

novembre
studeni

décembre
prosinac

formes
oblici

cercle
krug

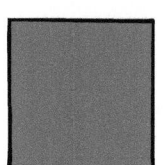

carré
kvadrat

rectangle
pravokutnik

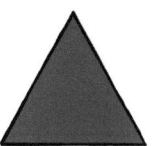

triangle
trokut

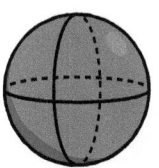

sphère
kugla

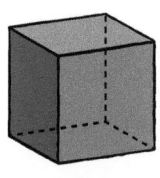

cube
kocka

blanc
bijela

jaune
žuta

orange
narančasta

rose
ružičasta

rouge
crvena

violet
ljubičasta

bleu
plava

vert
zelena

marron
smeđa

gris
siva

noir
crna

beaucoup / peu

mnogo / malo

fâché / calme

ljutito / mirno

joli / laid

lijepo / ružno

début / fin

početak / kraj

grand / petit

veliko / maleno

clair / obscure

svijetlo / tamno

frère / soeur

brat / sestra

propre / sale

čisto / prljavo

complet / incomplet

potpuno / nepotpuno

jour / nuit

dan / noć

mort / vivant

mrtvo / živo

large / étroit

široko / usko

comestible / incomestible

jestivo / nejestivo

méchant / gentil

zlo / dobro

excité / ennuyé

uzbuđeno / dosadno

gros / mince

debelo / mršavo

premier / dernier

na početku / na kraju

ami / ennemi

prijatelj / neprijatelj

plein / vide

puno / prazno

dur / souple

tvrdo / mekano

lourd / léger

teško / lagano

faim / soif

glad / žeđ

malade / sain

bolesno / zdravo

illégal / légal

ilegalno / legalno

intelligent / stupide

pametno / glupo

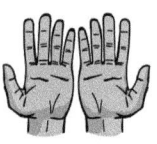

gauche / droite

lijevo / desno

proche / loin

blizu / daleko

nouveau / usé

novo / rabljeno

rien / quelque chose

ništa / nešto

vieux / jeune

staro / mlado

marche / arrêt

uključeno / isključeno

ouvert / fermé

otvoreno / zatvoreno

faible / fort

tiho / glasno

riche / pauvre

bogato / siromašno

correct / incorrect

točno / pogrešno

rugueux / lisse

hrapavo / glatko

triste / heureux

tužno / sretno

court / long

kratko / dugo

lent / rapide

polako / brzo

mouillé / sec

mokro / suho

chaud / froid

toplo / hladno

guerre / paix

rat / mir

oppositions - suprotnosti

0

zéro

nula

1

un / une

jedan

2

deux

dva

3

trois

tri

4

quatre

četiri

5

cinq

pet

6

six

šest

7

sept

sedam

8

huit

osam

9

neuf

devet

10

dix

deset

11

onze

jedanaest

12	**13**	**14**
douze	treize	quatorze
dvanaest	trinaest	četrnaest

15	**16**	**17**
quinze	seize	dix-sept
petnaest	šestnaest	sedamnaest

18	**19**	**20**
dix-huit	dix-neuf	vingt
osamnaest	devetnaest	dvadeset

100	**1.000**	**1.000.000**
cent	mille	million
stotinu	tisuću	milijun

nombres - brojevi

anglais

engleski

anglais américain

američko engleski

chinois mandarin

kinesko mandarinski

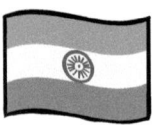

hindi

hindi

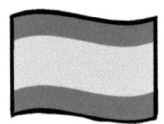

espagnol

španjolski

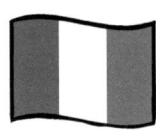

français

francuski

arabe

arapski

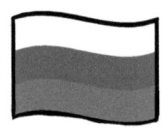

russe

ruski

portugais

portugalski

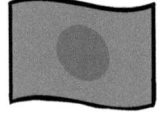

bengali

bengalski

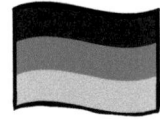

allemand

njemački

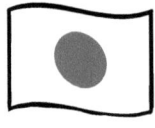

japonais

japanski

je
ja

tu
ti

il / elle / ce, c', cela
on / ona / ono

nous
mi

vous
vi

ils / elles
oni

Qui ?
tko?

Quoi ?
što?

Comment ?
kako?

Où ?
gdje?

Quand ?
kada?

nom
ime

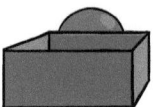

derrière
....
iza

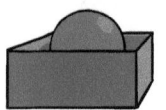

dans
....
u

devant
....
ispred

au-dessus
....
preko

sur
....
na

en-dessous
....
ispod

à côté de
....
pored

entre
....
između

lieu
....
mjesto